بابو کی زندگی میں ایک دن

Babu's Day

Story by Mira Kapur

Urdu Translation by Qamar Zamani

4 LEARNING

Mantra

This book was produced to accompany the unit of five television programmes, THE INDIA FILE, in Channel Four Schools' EUREKA! Series. The programmes were made by Yorkshire International Thomson Multimedia Limited for Channel Four Schools

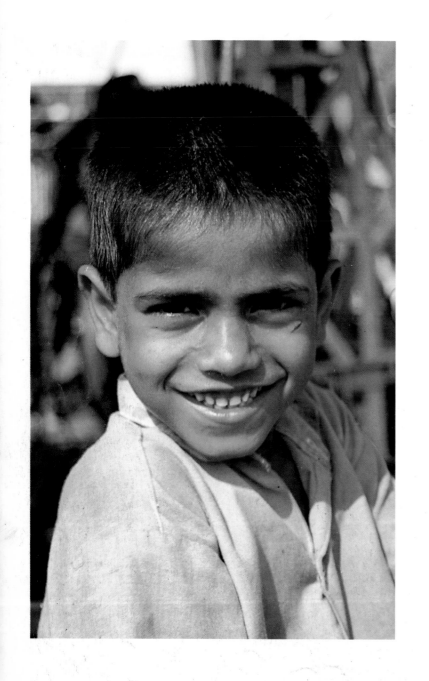

میرا نام بابو ہے اور یہ کتاب میری زندگی میں ایک دن کے متعلق ہے ۔ میں بمبئی کے نواحی علاقے میں اپنے ماں، باپ، بھائیوں اور بہنوں کے ساتھ رہتا ہوں ۔

My name is Babu and this book is about a day in my life. I live on the outskirts of Bombay with my mum and dad, and my brothers and sisters.

بمبئی ایک بہت بڑا شہر ہے اور اس میں بہت سی
نوآباد بستیاں ہیں۔

Bombay is a very large city with many settlements around it.

میں مرچاپاڑا میں رہتا ہوں یہ فلم سِٹی کے پاس ہے
جہاں فلمیں بنتی ہیں۔ اس جگہ کا دوسرا نام "بولی ووڈ"
ہے۔

I live in one called Marachapada but is known to everyone as the one near Film City or Bollywood.

ہم ایک ایسے جالی دار کپڑے کے نیچے سوتے ہیں جو ایک بڑے سے خیمے کی طرح لگتا ہے ۔ کیا تمہیں پتہ ہے کیوں ؟

We sleep under what looks like a large tent made of white netting. Do you know why?

میری ماں مجھے صبح چھ بجے ہی جگا دیتی ہیں جب کہ باہر اندھیرا چھایا ہوتا ہے ۔ میں ناشتہ کرتا ہوں اور پھر اسکول کے لئے بھاگم بھاگ شروع ہو جاتی ہے تاکہ سات بجے تک وہاں پہنچ جاؤں ۔

My mum wakes me at six o'clock in the morning while it's still dark outside. I have my breakfast and then it's a mad rush to get to school by seven.

میں ہمیشہ اپنی بہن کے آگے آگے بھاگتا ہوں تاکہ وہ میرے دوستوں کے سامنے مجھے شرمندہ نہ کر سکے !
جب ہم بس کا انتظار کر رہے ہوتے ہیں تو میرا بہترین دوست عمران پہنچ جاتا ہے ۔ ہم آپس میں بات چیت کرتے
ہیں کہ رات ٹیلیویژن میں کیا دیکھا ۔

I always run ahead of my sister so she can't embarrass me in front
of my friends!
While we wait for the school bus, Imran my best friend arrives. We
talk about what we saw on TV last night.

اسکول ہمیشہ صبح کی اسمبلی کے ساتھ شروع
ہوتا ہے ۔

School always starts with morning
assembly.

ہم سب مل کر گاتے ہیں جب کہ مسٹر سیٹھ ہارمونیم
بجاتے ہیں ۔

We all sing while Mr Seth plays his
harmonium.

اور پھر ہم دعا مانگتے ہیں ۔

And we say our prayers.

آج صبح کا پہلا سبق حساب کا ہے اور مسز پٹیل ہمارے گنتی کے پہاڑوں کا امتحان لیتی ہیں۔

Today the first lesson is Maths and Mrs Patel tests us on our Times Table.

ہم سب کو اس بات سے سخت نفرت ہے کہ وہ ہمیں تختے پر لکھنے کے لئے مجبور کرتی ہیں۔ آج انھوں نے مجھے چُنا ہے۔

We all hate it when she makes us write on the board. She's picked on ME today!

کبھی کبھی ہم اپنے سوال حل کرنے کے لئے ایباکس کا استعمال کرتے ہیں۔ کیا تم نے کبھی ان سے کام لیا ہے؟ بالکل کیلکولیٹر استعمال کرنے کی طرح ہی ہے۔

Sometimes we use an Abacus to work out our sums. Have you ever had a go on one? It's just like using a calculator.

جب اسکول ختم ہوتا ہے تو ہم مٹھائی والے کے ٹھیلے
کی طرف بھاگتے ہیں تاکہ لائن میں سب سے پہلے پہنچ
جائیں ۔

When school finishes we rush through the gate to be first in line for the sweetstall.

عمران ہمیشہ کی طرح مجھ سے پہلے وہاں پہنچ جاتا ہے ۔

Imran gets there before me - as usual.

بس تو کبھی وقت پر آتی ہی نہیں ہے !

The bus never seems to come on time!

اب میں اپنے گھر واپس جا رہا ہوں تاکہ اسکول کی یونیفارم اتاروں اور دوپہر کا کھانا کھاؤں۔ آج میں اپنے ابّا کے پاس جا رہا ہوں جو فلم سِٹی میں بجلی کے مستری کا کام کرتے ہیں۔

I'm on my way home to change out of my school uniform and have my lunch. Today I am going to see my dad who works as an electrician in Film City.

مجھے فلم سِٹی جانے میں بہت مزہ آتا ہے کیونکہ وہاں ہر وقت اتنی رونق رہتی ہے۔ مجھے سب سے اچھا
ان کا پھاٹک لگتا ہے جس کے قریب نئی فِلموں کے بڑے بڑے اشتہار رنگوں سے تیار کئے جاتے ہیں۔

I love going to Film City as there is always so much going on. I like the entrance best where all the huge posters for the new films are painted.

یہ میرے دوست ہیں جو مجھے فلم سِٹی میں ملتے ہیں۔ ہم
اکثر اپنے اپنے ابا سے ملنے یہاں آتے ہیں جو فلم سِٹی
میں کام کرتے ہیں۔

These are my friends at Film City. We often meet when we come to see our dads working on the sets.

آج ہماری قسمت بہت اچھی تھی۔ ڈائریکٹر کو فلم کے ایک
سین میں گھومنے والے چرخے پر بیٹھنے کے لئے کچھ بچوں
کی ضرورت تھی تو اس نے ہم سے پوچھا!

We were really lucky today. The director wanted some extra children to sit on the roundabout - so he asked us!

روشنیاں   کیمرہ   ایکشن

LIGHTS   CAMERA   ACTION!

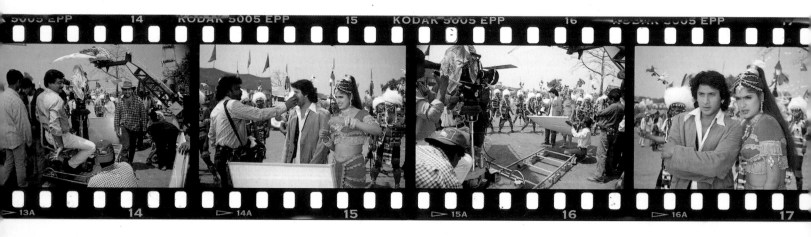

روشنیاں   کیمرہ   ایکشن

LIGHTS   CAMERA   ACTION!

ڈیڑھ بجے سب کام رک جاتا ہے ۔ کھانے کے لئے ۔
میرے ابّا مجھے ایک امرود خرید کر دیتے ہیں کیونکہ مجھے ابھی بھی بھوک لگی ہوئی ہے ۔

At 1.30 the whole set stops - for lunch. My dad buys me a guava as I'm still hungry.

اس کے بعد میں اور میرے دوست فلم سِٹی سے چل دیتے ہیں۔ کیونکہ ہمارے ابا کام پر واپس
جا رہے ہیں۔ ہم گھر کی طرف دوڑ لگاتے ہیں یہ دیکھنے کے لئے کہ پہلے کون پہنچتا ہے۔

Afterwards my friends and I have to leave Film City so that our dads can get back
to work. We all race to see who gets home first.

ہماری بستی میں پانی کا نل نہیں ہے لہٰذا پانی فلِم سِٹی کے پاس والے کنویں سے لینا پڑتا ہے۔ آج پانی بھر کر لانے کی باری میری بہن کی ہے۔

We have no running water on the settlement so the water has to be collected from the well near Film City. Today it's my sister's turn to get water.

دراصل ہم سب کو پانی بھرنے میں مزہ آتا ہے کیونکہ اس طرح اپنے دوستوں سے ملنے کا ایک موقع اور
مل جاتا ہے۔

We all really like collecting water as it gives us a chance to meet our friends again.

اماں ہمارا لایا ہوا تازہ پانی پیتل کے برتن میں لے کر اپنے تُلسی کے پودے پر
ڈالتی ہیں۔ وہ اس وقت ایک خاص دعا بھی مانگتی ہیں کیونکہ یہ پودا پاک ہے۔

Mum takes some of the newly collected water in her brass bowl and pours it on her tulsi plant. She says a special prayer as this is a holy plant.

سہ پہر کا وقت سب سے اچھا ہوتا ہے کیونکہ میں اور میرے دوست مل کر کرکٹ کھیلتے ہیں ۔ پورے ہندوستان میں لوگ کرکٹ کے دیوانے ہیں ۔ عمران اور میں چاہتے ہیں کہ جب ہم بڑے ہو جائیں تو ہندوستان کے لئے کھیلیں ۔

Afternoon is the best time of day when all my friends play cricket with me. People all over India are mad about cricket. Imran and I want to play for India when we grow up.

کیا زبردست کیچ تھا !

What a catch!

میں نے ابھی ۲۰ رن ہی بنائے ہیں لیکن میری بہن مجھے اسکول کا کام کرنے کے لئے اندر بلا لیتی ہے۔
''کیا میرا ابھی آنا ضروری ہے؟ دس منٹ اور . . . پلیز''

My sister calls me in to do my homework
just as I've batted 20 runs.
   "Do I have to? Ten more minutes... Please."

جب میں اندر پہنچتا ہوں تو میرے بھائی بہن پہلے ہی
اپنا اسکول کا کام کرنے میں مصروف ہوتے ہیں۔

When I get in my brothers and
sisters have already started their
homework.

میرا اسکول کا کام عموماً آدھے گھنٹے میں ختم ہو جاتا ہے۔

My homework usually takes me about
half an hour.

میری اماں چھوٹے بھائی کو نہلانے میں لگی ہوئی ہیں اور میری چچی کھانا پکانے میں مصروف ہیں ۔ آج رات کے کھانے میں دال ، پالک کا ساگ اور چپاتیاں ہیں ۔

While my mum is giving my little brother a wash, my aunt is busy cooking dinner. Tonight we are having dal, spinach and chapattis.

رات کے کھانے کے بعد ہم سب بیٹھ کر ٹیلیویژن دیکھتے ہیں ۔ ہمارے پاس بجلی نہیں ہے اس لئے کار میں استعمال ہونے والی بیٹری سے ہمارا ٹیلیویژن چلتا ہے۔

After dinner we all sit and watch TV. We do not have any electricity and have to use a car battery to run the TV.

اب شب بخیر کہنے کا وقت آگیا ہے ۔ ہم ٹیلیویژن کو ہٹا کر جگہ بنائیں گے اور پھر سفید جالی کے اندر گھس جائیں گے ۔

اب بتائیے کیا آپ سمجھ گئے ہیں کہ یہ جالی ہم کس لئے استعمال کرتے ہیں ؟

It's time now to say goodnight, move the TV out of the way and crawl under the white nets. Well, did you find out what we use them for?

Babu's Day © 1997 Mantra Publishing Ltd
Photographs © 1997 Mantra Publishing Ltd
& Channel Four Learning Ltd

Printed in Spain by Encuadernaciones Ederki S.A.L.

Published by
Mantra Publishing Ltd
5 Alexandra Grove
London N12 8NU
http://www.mantrapublishing.com